NOUVELLE
MÉTHODE DE LECTURE

POUR

APPRENDRE A LIRE EN 15 JOURS.

PRÉFACE.

Dans la méthode de lecture de M. Peigné il arrive souvent que les élèves, arrivés au 15ᵉ ou 16ᵉ tableau, ont déjà oublié le 1ᵉʳ, le 2ᵉ, etc. — On a remarqué aussi que les enfants trouvent décourageant et insipide d'être obligés d'apprendre à tout moment des lettres (sons ou articulations). De cette manière, un grand nombre de tableaux deviennent tout-à-fait inutiles.

Cette méthode est aussi dépourvue de majuscules et d'une foule de lettres (sons ou articulations), comme, par exemple, *ain, ein, ail, eil, œil*, etc.

Pour remédier à ces inconvénients, j'ai pensé qu'il serait utile de rédiger un tableau synoptique de lecture qui présentât d'un coup d'œil à l'élève tous les tableaux de la méthode Peigné, moins les superflus, et tout ce dont cette méthode est dépourvue.

PROCÉDÉ. — J'ai réuni dans la première case de mon tableau toutes les lettres (sons ou articulations) qui se trouvent éparses dans toutes les autres méthodes. Aussi, avec ma méthode, un enfant peut savoir lire très couramment dans quinze jours, car une fois qu'il connaît toutes les lettres (sons ou articulations), le reste n'est que du *b a ba*. La seconde case renferme des syllabes, des mots et des phrases ; la troisième, la lecture courante. Un seul Moniteur peut faire lire des enfants de différentes classes.

SARDA, Instituteur.

1861

(1106)

NOUVELLE
MÉTHODE DE LECTURE.

1er PROCÉDÉ.

Réunion des sons simples et composés.

Le Moniteur indique, avec sa baguette, chaque son ou articulation, et nomme ce qu'il montre de cette façon : — *Le Moniteur :* Premier ! A. — *L'Elève :* A, et ainsi de suite.

A . a . an . en . am . em . E . e . eu . h . H . œu . eur . œur . un . um . É . é . È . è . ai . ei . aient . ain . ein . in . yn . aim . im . Ê . ê . I . i . Y . y . O . o . au . eau . on . om . U . u . oi . oir . oin . ou . our . ail . eil . œil . euil.

2ᵉ PROCÉDÉ.

Exercice sur les sons.

O . a . œil . our . em . ai . A . on . ail . ei . euil . oin . eil . E . oi . ain . au . É . y . è . Y . ou . e . eau . oir . U . yn . H . u . eim . h . aim . ein . eur . é . an . i . om . É . o . in . è . en . Ê . am . ê . a . our . H . un . ai . oin . eu . on . ail . œu . eil . um . aient . œur.

3ᵉ PROCÉDÉ.

Réunion des articulations simples et composées.

B . b . C . c . Q qu . K . k . D . d . F . f . ph . G . g . gu . J . j . L . l . M . m . N . n . P . p . R . r . S . s . T . t . V . v . X . x . Z . z . ch . gn . ill . ll . br . bl . cl . cr . fl . fr . gl . gr . pl . pr . dr . tr . vr . str . spl.

4ᵉ PROCÉDÉ.

Exercice sur les articulations.

Z . z . l . ch . B . gn . n . C . ill .
c . br . K . d . f . k . F . j . Q . G . L .
gu . p . M . ph . N . g . qu . J . r . P .
s . R . t . V . pl . v . S . x . X . n .
tr . gl . cr . gn . pl . gu . phr . dr . b .
D . m . T . ll . cl . bl . fl . gr . fr . tr .
pr . dr . vr . str . gl . spl .

5ᵉ PROCÉDÉ.

Sons articulés.

Le Moniteur fera lire les sons articulés sans épellation.

Ab . ac . ad . af . ar . al . as . at .
ax . ib . ic . id . if . ir . il . is . it . ix .
ob . oc . od . of . or . ol . os . ot . ub .
uf . ur . ul . us . ut .

6ᵉ PROCÉDÉ.

Exercice sur les sons articulés.

Ut . ul . us . uf . ud . ur . ux . ub . os . ol . ot . or . of . od . ob . ix . oc . it . is . ir . if . id . il . ib . id . ic . at . as . al . ax . ar . al . ad . ac . af . ab.

7ᵉ PROCÉDÉ.

Le Moniteur ne doit pas oublier que la plus longue syllabe ne se divise jamais qu'en deux parties (du son et de l'articulation). Il fera épeler chaque syllabe de cette façon : — *Le Moniteur :* Premier ! *p a pa, b ou bou, ch on chon*, et ainsi de suite ; et quand les Élèves sauront bien épeler, il les fera lire couramment.

Pa pa, ma man, un bou chon, la bon té, u ne vi gne, la da me, un chou, le pa ri, du bon bon, u ne fè ve, la pe lo te, u ne ju pe, le ré gal, le bo cal, la mor su re, u ne la me,

un clou, u ne fleur, le cha grin, u
ne ta ble, la mar chan de de bou
illi, du char bon, la cul bu te, u ne
ab sur di té, le tu mul te, dor mir,
la ca po te, le dé fi, u ne bo bi ne,
la mo de, u ne la me, la ca ba ne, le
lé gu me, le na vi re é ga ré, le jo li
do mi no, la sa la de, la so li di té de
la ca ba ne, le pè re a do ré, l'u ti
li té de l'é tu de, la fi dé li té de l'a
mi, la pu re té de l'â me, pa pa a é té
fê té, la fa ri ne se ra ra re, le li vre
de l'é lè ve, la ra me du pi lo te, u ne
ro be de ga ze, la ta xe du pain, le
ki lo gram me du sys tè me mé tri
que, l'a xe de la bou le, u ne ca tas
tro phe, du phos pho re, l'â ne se ré
vol te, le sol a é té cul ti vé, le mar

di du car na val, pa pa se ra de gar
de sa me di, é vi te le par ju re, l'é
lè ve a é ga ré le ca nif, j'é vi te le
tu mul te du bal, le ca po ral de gar
de a dor mi sur le pa vé, il pa ti ne
ra sur le ca nal, gar de ta pa ro le,
un ca non fon du, un che val bor gne,
le mou choir mou illé, l'o gnon gâ
té, u ne fu ta ille vi de, un bon mar
cheur, la fin du mon de, la bû che
fu me, le rè gne de la loi, u ne feu
ille de vi gne, mon pa pa, u ne ta
ble pro pre, u ne fleur blan che, l'or
dre pu blic, la ron deur du glo be,
la pro bi té de l'hom me, la va che
ru mi ne, le co chon gro gne, la chè
vre brou te, la fou dre gron de, le
fri pon tri che, u ne ma nœu vre, le

ty ran, u ne ca tas tro phe, un sys
tè me, un bœuf, u ne bon ne œu vre,
u ne bri que, le ju ry é qui ta ble,
la quê te a bon dan te, du vi nai gre,
un é tei gnoir, du bau me, par tir
pour aller loin, le foin, l'en fant gâ
té, u ne ram pe, un tim bre, u ne
bom be, u ne co qui lle, un é ven
tail, un por tail, u ne em bus ca de,
le mi li tai re, la ba lei ne, la rei ne,
la vei ne, le maî tre, le nom bre sei
ze, u ne pau vre pen sion, la fau te
du men teur, le tra vail, le pa reil,
l'or gueil, le fau teuil, l'œil du maî
tre, le pla teau, le ta bleau noir, le
pain noir, le sein, le teint, le tra vail,
u ne phra se, le foin du pré, la poin
te du cou teau, le syn dic, fai re u ne

syn co pe, le cœur, ar bre ten dre, mœurs de l'hum ble, ils é taient bra ves, el le ai mait le lu xe, ils chan taient un can ti que, le pau vre a faim, l'en fant im bé ci le, le mau vais jour, le beau jour, a voir du gui gnon la clo tu re, le mi ra cle, la plan che, le crâ ne, la splen deur, le spec ta cle, le stra ta gè me.

8ᵉ PROCÉDÉ.

Le Moniteur doit enseigner aux Elèves les syllabes suivantes :

ce, ci, ge, gi, ç, ti, s, er, ez,

prononcées : se, si, je, ji, se, si, z, èr, és.

De la glace, une berline, du céleri, un citron, le juge, une action, le genou, un ermitage, la franchise, une portion, une façade, une cicatrice, ceci, une berline, une giberne luisante, le bon Dieu, le citron amer, une chanson nationale, une sage épouse, une origine douteuse, la fable du castor, l'éloge de la vertu, une gerbe d'orge, on a percé la cloison, on a forcé la consigne, nous le menaçons, le méchant fruit, le glaçon, on a prononcé l'éloge de l'épouse vertueuse, on a infligé une punition à ce voltigeur, fuyez le vice, soyez sage, étudiez la leçon pour apprendre, attachez-vous à Dieu, la rivière, la vivandière, je travaille, l'amitié, la bonne bière, suivre le sage, de la viande cuite, à Dieu, le vin tiède, le violon, une pioche.

9ᵉ PROCÉDÉ.

LECTURE COURANTE.

Le Moniteur doit enseigner aux Elèves les syllabes suivantes :

et, est, les, des, ces, ses, el,

prononcées : é, èt, lè, dè, cè, sè, èl.

La Cigale et la Fourmi.

La cigale avait chanté tout l'été ; elle avait chanté, se promenant sur l'herbe et sur les fleurs, sautant, volant, et ne songeant qu'au plaisir. Mais, quand vint l'hiver, la cigale se trouva fort dépourvue. Il n'y avait plus de vermisseaux pour la nourrir, plus d'herbes tendres ni de fleurs. Elle alla crier famine chez la fourmi, sa voisine. Je vous en prie, dit la cigale à la fourmi, prêtez-moi quelque peu de grain pour subsister jusqu'au printemps. La fourmi est bonne ouvrière, elle travaille et se fatigue tout l'été, ramassant ses provisions pour l'hiver. Oh ! oh ! dit-elle à la cigale, et que faisiez-vous, ma belle, quand le temps était chaud ? Vous chantiez, j'en suis fort aise ; eh bien ! dansez maintenant.

Le vice est l'ennemi de la vertu, la vertu nous porte à faire le bien et à éviter le mal, les hommes sages aiment les bons et détestent les méchants, voici mes enfants qui s'amusent, l'orgueil est le partage des sots et le travail est pour les hommes laborieux.

La modestie consiste à ne point être fier de ses talents ou de ses vertus. La bonne foi est l'attachement inviolable à garder notre parole; elle nous impose le devoir de ne jamais tromper personne. La douceur nous fait aimer de nos semblables; la colère et la méchanceté font qu'ils nous craignent et nous évitent.

Notre Père, qui êtes aux Cieux, que votre nom soit sanctifié ; que votre règne arrive ; que votre volonté soit faite sur la terre comme dans le Ciel. Donnez-nous aujourd'hui notre pain de chaque jour ; pardonnez-nous nos offenses comme nous pardonnons à ceux qui nous ont offensés, et ne nous laissez pas succomber à la tentation, mais délivrez-nous du mal. Ainsi soit-il.

Je vous salue, Marie, pleine de grâces ; le Seigneur est avec vous : vous êtes bénie entre toutes les femmes, et Jésus, le fruit de vos entrailles, est béni.

Sainte Marie, Mère de Dieu, priez pour nous pauvres pécheurs, maintenant et à l'heure de notre mort. Ainsi soit-il.

Je crois en Dieu le Père tout-puissant, créateur du ciel et de la terre ; et en Jésus-Christ son fils unique notre Seigneur, qui a été conçu du Saint-Esprit, est né de la Vierge Marie, a souffert sous Ponce Pilate, a été crucifié, est mort, a été enseveli, est descendu aux enfers, le troisième jour est ressuscité des morts, est monté aux Cieux, est assis à la droite de Dieu le Père tout-puissant, d'où il viendra juger les vivants et les morts.

Je crois au Saint-Esprit, la sainte Eglise catholique, la communion des Saints, la rémission des péchés, la résurrection de la chair, la vie éternelle. Ainsi soit-il.

Toulouse, Typographie Vignier, rue des Chapeliers, 13.